Anatomía 1: Órganos de los sentidos

El siguiente documento contiene preguntas con interés de poner a prueba los conocimientos sobre la macro anatomía del cuerpo humano. La información en la que nos basamos viene de los libros siguientes: Humana de Alberto Delgado (Delgado, 2017), Anatomía para estudiantes de (Drake, Mitchell, & A., 2020), Anatomía Humana de Michel (Latarjet, 2019). Esta secuencia incluye preguntas sobre los órganos de los sentidos y las respuestas se encuentran en la última página.

Es un documento escrito por estudiantes y para estudiantes con el objetivo de hacer el aprendizaje más ameno y eficaz.

Tabla de contenido

Ojo

1. Con respecto a los huesos que componen la órbita es cierto, excepto:

   a. El techo de la órbita está formado por el hueso frontal y el ala menor del hueso esfenoides.

   b. El piso está compuesto por la porción orbitaria del hueso etmoidal, el hueso lacrimal y el proceso frontal de la maxila.

   c. La pared lateral está formada por el proceso frontal del hueso cigomático, el proceso cigomático del hueso frontal.

   d. La pared lateral está formada por el ala mayor del hueso esfenoidal.

2. Con respecto a la estructura del ojo es cierto, excepto:

   a. La parte anterior es la córnea

   b. Los 5/6 posteriores son la esclera.

   c. La esclera y la córnea se unen en la unión esclerocorneal

   d. La parte anterior de la túnica media vasculosa es el coroides y la posterior es el iris.

3. Con respecto a la estructura del ojo es cierto, excepto:

   a. La unión entre el coroides y el iris es el cuerpo ciliar.

   b. La porción de la retina en contacto con el iris es la porción irídica.

   c. La parte de la retina en contacto con el cuerpo ciliar es la parte óptica ciliar.

   d. La esclera permite la inserción de los músculos extraoculares.

4. Con respecto a las estructuras del ojo es cierto:

   a. La córnea es una estructura avascular y se nutre por medio del humor vítreo

   b. La córnea y el iris delimitan la cámara posterior

   c. Las cámaras están llenas de humor acuoso producido por el cuerpo ciliar

   d. El drenaje del humor vítreo se hace por medio del seno venoso de la esclera a nivel del cuerpo ciliar.

5. Sobre la túnica vascular del ojo es cierto, excepto:

   a. La musculatura del cuerpo ciliar contiene una porción simpática, fibras circulares y una parasimpática, fibras meridionales.

   b. El cuerpo ciliar está compuesto de fibras zonulares que sostienen al cristalino y varían su ángulo.

   c. El borde entre la parte óptica de la retina y la parte ciliar se denomina la ora serrata.

   d. Las fibras circulares acomodan el cristalino para la visión cercana y las meridionales para la lejana.

6. Con respecto a la túnica vascular del ojo es cierto, excepto:

   a. El iris contiene un orificio llamado la pupila.

   b. La musculatura que se encuentra en el centro del ojo es lisa.

   c. La musculatura del esfínter de la pupila cuando hay exceso de luz produce un efecto de miosis para limitar la entrada de la misma.

   d. La musculatura del dilatador de la pupila, controlada por el sistema parasimpático, produce un efecto de midriasis con poca luz para aprovechar al máximo la luz presente.

7. Con respecto a la irrigación y drenaje del ojo es correcto, excepto:

   a. Las venas ciliares posteriores drenan hacia las vorticosas que drenan hacia las oftálmicas.
   b. A diferencia de la vena oftálmica superior, la inferior drena al seno cavernoso.
   c. La arteria oftálmica se divide en ramas ciliares posteriores breves que atraviesan la esclera y se dirigen hacia medial.
   d. Las ramas ciliares posteriores longas se dirigen hacia el centro formando un círculo arterioso mayor y menor del iris.

8. Con respecto a la inervación del ojo es cierto, excepto:

   a. La información parasimpática llega por el cuarto nervio craneal.
   b. La información simpática llega por los nervios ciliares longos.
   c. EL nervio oculomotor inerva al esfínter de la pupila y a las fibras circulares del músculo ciliar.
   d. La información simpática es la encargada de la inervación del músculo dilatador de la pupila y de las fibras meridionales del músculo ciliar.

9. Con respecto al recorrido de la inervación del ojo es cierto, excepto:

   a. La información parasimpática viene del tallo cerebral.
   b. La información simpática hace sinapsis en el ganglio ciliar para continuar por las fibras de los nervios ciliares breves.
   c. La información parasimpática se encarga de contraer la pupila.
   d. La información simpática viaja en el plexo carotídeo interno para pasar por las fibras nasociliares oftálmicas del nervio trigémino.

10. Ordenar el paso de la luz por las estructuras siguientes del ojo.

1. Pupila 2. Humor vítreo 3. Córnea 4. Cristalino 5. Retina

    a. 1,2,3,4,5

    b. 3,1,2,4,5

    c. 3,1,4,2,5

    d. 4,3,1,2,5

11. Sobre el nervio óptico es cierto:

    a. El nervio óptico llega al disco óptico, la luce incide allí para enfocar la imagen.

    b. En la parte lateral se encuentra una depresión llamada la fóvea y en el centro la macula.

    c. La retina es una dilatación del nervio óptico.

    d. Todas son correctas.

12. De los músculos extraoculares cuál no se inserta en la esclera:

    a. Recto superior

    b. Elevador del parpado superior

    c. Oblicuo inferior

    d. Recto inferior

13. Sobre la inervación de los músculos extraoculares, es cierto excepto:

    a. El esfínter de la pupila es controlado por información parasimpática

    b. Cinco músculos están controlados voluntariamente por el nervio oculomotor

    c. El músculo oblicuo superior es inervado por el nervio oculomotor

    d. El músculo recto lateral es inervado por el nervio abducens

Cavidad nasal

1. Ordene la configuración externa de la nariz de arriba hacia abajo:

1. Alas nasales 2. Dorso de la nariz 3. Glabela 4. Narinas 5. Puente nasal 6.

Vertiente 7. Ápex de la nariz 8. Surco alar 9. Septo nasal

a. 1,4,7,2,3,5,6,9,8
b. 5, 4,6,2,1,3,8,9,7
c. 3,5,2,6,7,1,8,4,9
d. 2,6,5,1,3,4,8,9,7

2. Las coanas son la conexión con la nasofaringe

a. Verdadero
b. Falso

3. Sobre la configuración de la cavidad nasal es cierto, excepto:

a. El septo nasal está compuesto en parte por el vómer.
b. El límite entre las conchas nasales es la lámina horizontal del hueso palatino.
c. El seno etmoidal contiene celdillas anteriores, medias y posteriores.
d. El foramen esfenopalatino se encuentra en el hueso palatino.

4. La elevación de la mucosa corresponde a la mula etmoidal que

corresponde a las celdillas anteriores

a. Verdadero
b. Falso

5. Sobre la irrigación de la cavidad nasal es cierto, excepto:

a. La cavidad nasal está irrigada en mayor medida por la arteria esfenopalatina y en menor medida por las arterias etmoidales posteriores y anteriores.

b. La cavidad nasal está irrigada por arterias septales y nasales posteriores superior, media e inferior que vienen de la arteria esfenopalatina.

c. Las arterias etmoidales irrigan la mayor parte de la cavidad nasal, proporcionando las arterias septales y nasales posteriores superior, media e inferior.

d. Las arterias etmoidales anteriores se convierten en la parte externa de la nariz en arterias nasales exteriores.

6. Sobre la inervación de la cavidad nasal es cierto, excepto:

a. La inervación especial viene del nervio olfatorio, atraviesa la lámina cribosa del hueso etmoidal, pasa por el tracto olfatorio y después por el bulbo olfatorio.

b. La inervación de las glándulas de la mucosa nasal viene del nervio facial que empieza su recorrido en el canal pterigoideo, hace sinapsis en el ganglio pterigopalatino y proporciona ramas nasales posteriores superiores, medias e inferiores.

c. La sensibilidad general viene de los nervios nasociliares.

d. La estructura nerviosa que inerva el tabique nasal es el nervio nasopalatino del maxilar del trigémino.

7. Con respecto a la estructura ósea de la cavidad nasal es cierto, excepto:

a. La estructura de la cavidad nasal está compuesta por el proceso frontal del a maxila.
b. La apertura piriforme contiene la lamina horizontal del hueso etmoidal.
c. La apertura piriforme contiene el vómer.
d. La apertura piriforme permite visualizar las conchas nasales inferiores y medias.

8. La parte móvil del septo nasal corresponde a los cartílagos cruces mediales de las alas menores

a. Verdadero
b. Falso

9. La cavidad nasal está divida por el septo nasal, compuesto por, excepto:

a. El hueso vómer.
b. La lamina perpendicular del hueso etmoidal.
c. El cartílago del septo nasal.
d. El cartílago alar menor, sus cruces mediales.

10. La porción de la cavidad nasal encargada de recibir el aire que proporciona los olores es el receso esfenoetmoidal donde llega el nervio olfatorio y está ubicado superior al meato superior.

a. Verdadero
b. Falso

11. Sobre la configuración de la pared inferior de la cavidad nasal es cierto, excepto:

    a. Está compuesta por el hueso palatino que termina en el proceso piramidal.
    b. Esta compuesta por la lamina horizontal del hueso etmoidal.
    c. Está compuesta por el proceso maxilar del hueso palatino.
    d. Contiene el foramen esfenopalatino.

12. Con respecto al drenaje linfático es cierto, excepto:

    a. El tercio anterior drena los nodos submandibulares.
    b. Los dos tercios posteriores drenan en los nodos cervicales profundos.
    c. El tercio anterior drena en los nodos cervicales superficiales.
    d. Los dos tercios posteriores drenan en la faringe.

Oído externo

1. A diferencia de la irrigación posterior de la oreja, la parte anterior recibe irrigación de la arteria temporal superficial.

    a. Verdadero
    b. Falso

2. Con respecto a la inervación de la oreja, es cierto excepto:

    a. El nervio auriculotemporal del mandibular del trigémino inerva la parte superior
    b. El nervio glosofaríngeo y vago inervan el conducto auditivo externo
    c. El nervio facial inerva la parte lateral
    d. Ninguna es correcta

3. Con respecto al drenaje linfático es cierto:

   a. La parte anterior drena hacia los nodos mastoideos.

   b. La parte posterior drena hacia los nodos cervicales profundos.

   c. La parte inferior y posterior drena hacia los nodos parotídeos.

   d. Ninguna es correcta.

4. Con respecto a los limites del oído externo, es cierto:

   a. Empieza en la oreja para terminar en la membrana timpánica.

   b. Tiene como limite lateral la membrana timpánica y como limite medial la pared lateral del oído.

   c. Tiene como limite lateral la pared medial del oído medio y como limite medial el conducto auditivo interno.

   d. Tiene como limite lateral la membrana timpánica y como limite medial el conducto auditivo interno.

5. La tuba auditiva conecta:

   a. El oído interno con la cavidad nasal.

   b. EL oído medio con la faringe.

   c. El oído interno con la faringe.

   d. El oído medio con la cavidad nasal.

Oído medio

1. A diferencia del receso epitímpánico, la cavidad timpánica se encuentra en una posición superior con relación a la membrana timpánica.

   a. Verdadero

   b. Falso

2. Con respecto a los huesecillos del oído es cierto, excepto:

    a. La cabeza del martillo se articula con el yunque y a diferencia del manubrio, el umbo se encuentra hacia abajo.

    b. El yunque tiene una cruz breve y longa que termina en el proceso lenticular articulada con el estribo.

    c. El manubrio del martillo se conecta con la membrana timpánica.

    d. El ligamento anular se encuentra la base del estribo.

3. Con respecto a las articulaciones de los huesecillos del oído es cierto:

    a. La articulación entre el yunque y el martillo es incudoestapedia de tipo sillar.

    b. La articulación entre el yunque y el martillo es incudomalear de tipo esferoidea.

    c. La articulación entre el yunque y el estribo, incudoestapedia es de tipo sillar.

    d. La articulación entre el yunque y el estribo, incudoestapedia es de esferoidea.

4. Con respecto a los músculos del oído medio es cierto:

    a. El músculo estapedio se dirige hacia lateral desde anterior buscando al estribo.

    b. El músculo tensor del tímpano está inervado por el nervio facial.

    c. El músculo tensor del tímpano se conecta con el manubrio del martillo, se dirige desde anterior hacia lateral.

    d. El músculo estapedio está inervado por el nervio mandibular del trigémino

5. La membrana timpánica está inervada por el nervio:

a. Vestibulococlear.

b. Glosofaríngeo.

c. Vago.

d. Trigémino

6. Con respecto a las paredes del oído medio es cierto, excepto:

a. La pared superior es la tegmental

b. La pared lateral es la laberíntica

c. La pared inferior es la yugular

d. La pared posterior es la mastoidea

7. Sobre la irrigación del oído medio es cierto:

a. La arteria timpánica anterior viene de la arteria meníngea media.

b. La arteria timpánica superior viene de la faríngea ascendente.

c. La arteria timpánica inferior viene de la arteria meníngea media.

d. La arteria timpánica posterior viene de la auricular posterior.

8. En la base del estribo se encuentra el ligamento anular que se une con la ventana redonda en la fenestra de la cóclea.

a. Verdadero

b. Falso

9. Sobre la inervación del oído medio es cierto, excepto:

a. La inervación sensitiva del tímpano viene del glosofaríngeo.

b. La tuba auditiva está inervada por el plexo timpánico del glosofaríngeo.

c. La inervación simpática viene de los nervios caricotimpánicos del plexo carotídeo externo.

d. El nervio cuerda del tímpano proporciona inervación sensitiva especial para los 2/3 anteriores de la lengua.

10. Con respecto a los limites del oído medio es cierto:

a. Empieza en la oreja para terminar en la membrana timpánica.

b. Tiene como limite lateral la membrana timpánica y como limite medial la pared lateral del oído.

c. Tiene como limite lateral la pared medial del oído medio y como limite medial el conducto auditivo interno.

d. Tiene como limite lateral la membrana timpánica y como limite medial el conducto auditivo interno.

11. El huesecillo que tiene dos ligamentos que le proporcionan sostén es:

a. Yunque

b. Martillo

c. Estribo

d. Estapedio

12. Sobre la membrana timpánica es cierto, excepto:

   a. Tiene una parte tensa y una flácida.
   b. En la parte inferior se puede observar el cono de luz.
   c. Se puede observar la tensión que hace le manubrio del martillo, hacia el centro se ubica el proceso lateral y hacia arriba el umbo.
   d. Se forman por la presión pliegues maleares posterior y anterior.

13. Con respecto a las paredes del oído medio es posible afirmar, excepto:

   a. En la pared superior se pueden observar las cabezas del yunque y martillo, cruz breve y su manubrio, respectivamente.
   b. En la pared anterior se observa la tuba auditiva.
   c. En la pared posterior se puede observar la eminencia piramidal y la prominencia del conducto semicircular anterior.
   d. En la pared lateral se puede observar el tendón del músculo tensor del tímpano.

14. Que huesecillo llega a la parte medial del oído medio:

   a. Estribo
   b. Martillo
   c. Yunque
   d. Ninguna de las anteriores

15. La tuba auditiva es una estructura con una porción ósea que pertenece al hueso:

   a. Parietal
   b. Frontal
   c. Occipital
   d. Temporal

Oído interno

1. A diferencia del laberinto membranáceo, el óseo es una estructura que pertenece al hueso temporal.

   a. Verdadero
   b. Falso

2. Sobre la estructura del oído interno es cierto, excepto:

   a. La parte auditiva del laberinto óseo es la parte coclear.
   b. La parte responsable del equilibrio del laberinto óseo es la parte vestibular.
   c. La escala del tímpano termina en la ventana oval.
   d. El extremo de la cóclea es el helicotrema.

3. Con respecto a la estructura del oído interno es cierto, excepto:

   a. El receso elíptico de la fenestra del vestíbulo es el utrículo.
   b. La parte inicial de la cóclea es el receso coclear de la fenestra del vestíbulo
   c. El receso esférico de la fenestra del vestíbulo es el sáculo
   d. El conducto semicircular anterior forma la eminencia arcuada

4. El estímulo auditivo llega a la perilinfa, sigue a la membrana vestibular, mueve la endolinfa, luego la membrana basilar que llega al órgano espiral y a las células sensoroepiteliales pilosas. Estas células llevan los impulsos nerviosos a la lámina tectoria para llegar a las fibras cocleares del nervio vestibulococlear.

    a. Verdadero
    b. Falso

5. Con respecto a los limites del oído interno es cierto:

    a. Empieza en la oreja para terminar en la membrana timpánica.
    b. Tiene como limite lateral la membrana timpánica y como limite medial la pared lateral del oído.
    c. Tiene como limite lateral la pared medial del oído medio y como limite medial el conducto auditivo interno.
    d. Tiene como limite lateral la membrana timpánica y como limite medial el conducto auditivo interno.

6. A diferencia del laberinto óseo, el membranáceo contiene endolinfa.

    a. Verdadero
    b. Falso

7. Con respecto a los canales semicirculares es cierto, excepto:

    a. Hacen parte del laberinto óseo.
    b. El canal semicircular anterior forma la eminencia arcuada.
    c. Sus dilataciones son las ampollas óseas.
    d. La unión entre las ampollas de los canales posterior y lateral forman la cruz común.

8. La estructura encargada de separar la escala del vestíbulo y la escala del tímpano es

   a. Modiolo
   b. Lámina espiral
   c. Membrana tectoria
   d. Membrana basilar.

9. Con respecto a la estructura del oído interno es cierto:

   a. Los conductos semicirculares hacen parte del laberinto óseo.
   b. La cóclea hace parte del laberinto membranáceo.
   c. Las ampollas membranáceas hacen parte del laberinto óseo.
   d. El conducto de paso continuo de fluido entre el conducto coclear y el sáculo es el conducto reuniente.

10. Las terminaciones nerviosas del nervio vestibulococlear pasan por el modiolo para terminar en la lámina espiral y recibir los impulsos.

   a. Verdadero
   b. Falso

11. Con respecto a la porción vestibular es cierto:

   a. El canal semicircular posterior percibe los movimientos de rotación.
   b. El canal semicircular posterior percibe los movimientos de flexión.
   c. El canal semicircular anterior percibe los movimientos de extensión.
   d. El canal semicircular lateral percibe los movimientos de inclinación.

Cavidad oral

1. Con respecto a la cavidad oral es cierto, excepto:

    a. El paladar duro está compuesto por el proceso palatino de la maxila y por la lámina horizontal del hueso palatino.

    b. El paladar blando es una estructura ligamentosa cubierta de los músculos elevador del velo palatino, tensor del velo palatino y de la úvula.

    c. En la parte posterior se encuentra un arco posterior, es el pliegue palatogloso

    d. La parte posterior es estrecha, es el ismo de las fauces.

2. Entre los dos pliegues de los arcos se encuentra la fosa tonsilar, donde está tonsila palatina:

    a. Verdadero

    b. Falso

3. Sobre la cavidad oral es cierto, excepto:

    a. La fosa tonsilar está irrigada por la arteria tonsilar de la arteria facial.

    b. Antes de los pliegues posteriores se encuentra el rafe pterigomandibular.

    c. El músculo insertado en la parte anterior del rafe pterigomandibular es el buccinador inervado por el trigémino.

    d. La función de la úvula es impedir el paso de los alimentos a la cavidad nasal.

4. Si una persona no puede tocar su nariz con la punta de la lengua, que músculo estaría comprometido:

    a. Músculo longitudinal superior

    b. Músculo longitudinal inferior

    c. Músculo vertical

    d. Músculo transverso

5. Con respecto a la inervación de la cavidad oral es cierto, excepto:

    a. El paladar está inervado por el nervio trigémino.

    b. Los dos tercios anteriores de la lengua están inervados por el nervio glosofaríngeo.

    c. La epiglotis está inervada por el plexo faríngeo.

    d. Los nervios petroso mayor y menor inervan a las glándulas salivales.

6. Con respecto a la estructura externa de la cavidad oral es cierto, excepto:

    a. La entrada a la cavidad oral son los pliegues labiales.

    b. A diferencia del tubérculo labial, el filtro está ubicado en el labrio superior.

    c. En la unión de los pliegues se encuentra la hendidura labial

    d. El músculo encargado de cerrar la hendidura orla es el orbicular de la boca.

7. Al igual que el frenillo superior, el inferior se encuentra en el vestíbulo oral.

    a. Verdadero

    b. Falso

8. La inervación de las glándulas salivares proviene de:

    a. El plexo cervical.

    b. El plexo braquial.

    c. El nervio facial.

    d. El nervio glosofaríngeo

9. El músculo que ocupa el espacio desde el cartílago de la tuba auditiva hasta la faringe es:

    a. El músculo salpingofaringeo.

    b. El músculo palatogloso.

    c. El músculo palatofaringeo.

    d. El músculo elevador del velo palatino.

10. Las carúnculas de las glándulas salivares son el lugar en el que terminan los frenillos linguales.

    a. Verdadero

    b. Falso

11. El diente 34 corresponde a

    a. El diente canino en el cuadrante superior derecho.

    b. El primer molar del cuadrante superior derecho.

    c. El incisivo medial del cuadrante inferior izquierdo.

    d. El primer premolar del cuadrante inferior izquierdo.

12. El insensivo lateral del cuadrante superior derecho sería el diente:

    a. 28

    b. 12

    c. 34

    d. 46

13. Las papilas linguales que no contienen papilas gustativas son:

   a. Filiformes.

   b. Circunvaladas.

   c. Fungiformes.

   d. Todas contienen papilas gustativas.

14. El músculo encargado de aplanar la lengua es:

   a. El músculo estilogloso, extrínseco de la lengua.

   b. El músculo vertical, intrínseco de la lengua.

   c. El músculo estilogloso, intrínseco de la lengua.

   d. El músculo vertical, extrínseco de la lengua.

15. El nervio cuerda del tímpano es una división del nervio facial. Debe atravesar las fibras del nervio lingual del maxilar del trigémino para llevar información parasimpática glándulas salivares.

   a. Verdadero

   b. Falso

Respuestas

Ojo

1. B

2.D

3.C

4.C

5.A

6.D

7.B

8.A

9.B

10.C

11.C

12.B

13.C

Cavidad nasal

1.C

2.A

3.B

4.B

5.C

6.A

7. B

8.B

9.D

10.A

11.C

12.D

Oído externo

1.A

2.C

3.D

4. A

5. D

Oído medio

1.B

2.A

3.D

4.C

5.B

6.B

7.D

8.B

9.C

10. B

11.A

12.C

13.C

14.A

15.D

Oído interno

1.A

2.C

3.D

4.B

5.C

6.A

7.D

8.B

9.D

10.A

11.C

Cavidad oral

1.C

2.A

3.C

4.A

5.B

6.B

7.A

8.C

9.A

10.B

11.D

12.B

13.A

14.B

15.B

Bibliografía

Delgado, A. (2017). *Anatomía humana funcional y clínica.* Cali: U. del Valle .

Drake, R. L., Mitchell, A. M., & A., W. V. (2020). *Gray. Anatomía para estudiantes.* Elsevier.

Latarjet, R. L. (2019). *ANATOMÍA HUMANA.* Editorial Médica Panamericana .

www.ingramcontent.com/pod-product-compliance
Lightning Source LLC
Chambersburg PA
CBHW071507150726
48000CB00006B/2732